UNO A UNO

JOHN STEVEN WYSE

UNO A UNO

Wyse, John Steven
Uno a uno / John Steven Wyse. - 1a ed. - Córdoba : Nelson Gustavo Specchia, 2023.
84 p. ; 18 x 12 cm.
ISBN 978-631-00-2027-3
1. Poesía. I. Título.
CDD A861

CLARICE *poesía*

Diseño: Gustavo Figueroa-Oroná

claricerevista.com
e-mail: clarice.revista@gmail.com
FB: https://www.facebook.com/Clarice.revista
TW: @ClariceCuentos
IG: https://www.instagram.com/clarice.revista

ISBN: 978-631-00-2027-3

Obra publicada con el auspicio
de la Municipalidad de Córdoba,
Fondo Estímulo a la Actividad
Editorial Cordobesa 2023
-Ordenanza 8808-

Municipalidad
de Córdoba

Dedicado a mi familia,
amigos y colegas de trabajo,
para que finalmente sepan
lo que estaba preparando.

Un gracias especial a Mariela,
porque sin su ayuda
estos poemas no podrían haber visto la luz del día.

Prólogo

Decidí no solicitarle a nadie la redacción de este prólogo: quiero reservarme el derecho de contar las vivencias que tuve mientras escribía estos poemas, y también mis diálogos e impresiones junto a Mariela Laudecina, quien iba a ser mi editora.

La correspondencia intercambiada con ella, sobre todo sus consejos, me llevaron a descubrir que podía ser escritor. La labor duró varios meses. La corrección me permitió distinguir lo que estaba bien de lo que no lo estaba. En la revisión de las poesías pude permitirme mejorar figuras, rimas y, sobre todo, intuiciones. Al principio mis obras se presentaban como expresiones un tanto rústicas, pero terminaron adquiriendo valor después de sus correcciones.

¿Y por qué deseo contar el intercambio epistolar? Porque considero que puede llegar a entusiasmar a escritores noveles, o potenciales autores que quieran, con un acto de arrojo, darse a conocer y publicar. Mayores detalles los podrán obtener leyendo el epílogo, al final.

Por otro lado, mis escritos no son sólo míos, son el resultado del esfuerzo colectivo de quienes los inspiraron, los guiaron.

Esta breve presentación es mi homenaje a la óptica y la mirada poética de Mariela Laudecina. En definitiva, creo que esta pequeña obra es, de algún modo, de ambos.

Introducción

"Uno a uno" es como fué naciendo esta colección. Fue concebida mientras iba en tren; esperaba mi vuelo siguiente en un aeropuerto; y, con mayor frecuencia, cuando trabajaba en mi casa. Dondequiera que pudiera exprimir una idea de valor poetico, me detenía a escribir.

"Uno a uno" es también el nombre de uno de los poemas de la obra. Como la "Rayuela" de Cortázar, una obra poética es un rompecabezas que se puede leer sin un orden establecido. Las poesías nacen en desorden, saltando de un tema a otro y, frecuentemente, sin claras indicaciones históricas. De este modo, no corren el riesgo de volverse viejas, digo yo.

Si las obras valen, podrán ser leídas hoy como dentro de cien años, en cualquier orden o desorden que se desee. Las poesías viven en un limbo, un lugar sin tiempo, donde todo es posible. En mi caso, mi criterio para organizarlas no fue indicado por el orden cronológico en el que nacieron: el orden actual está relacionado más que nada con los temas tocados. Hay un poco de todo aquí dentro, como dentro del cáliz de mi vida: temas de actualidad (Un gran país); sobre la corrupción; disquisiciones sobra la vida, el dolor de haber perdido un ser querido (A mi hermano); o la fascinación de contemplar algunos fenómenos naturales como la lluvia (Lluvia) o la nieve (Foto), el alba (Alba, aguja e hilo), el atardecer (Después de la lluvia), el mar (Generosidad), las estaciones (Otoño) con sus árboles transformados en bailarines, pero sólo ante un ojo atento. También me concentré en algunas creaciones humanas con gran simbolismo, como el espejo (El verdadero); los fuegos artificiales (Cuentos chinos); o las vias del ferrocarril (El otro): una especie de pirámide de Keops realizada por personajes anónimos que nos facilitan la vida de todos los días, a nosotros, que vamos a trabajar sobre sus vías. Podría hablar también de mi hija, que se viste de gato (Mi gata y tus bigotes) y me ayuda a ver la vida desde otra perspectiva, más inconsulta.

Algunos de mis temas preferidos tienen que ver con escenas simples de vida cotidiana, reflexiones que exaltan lo extraordinario que aflora en lo ordinario. Se me ocurre el aria de Handel, "Ombra mai fu", que se refiere a la sombra de un olmo que se mantiene siempre impertérrito, a pesar de todas las tormentas y visicitudines. Es una plaza de Roma con su lluvia de campanas la que me inspira (Edoardo). Yo, como el vigía de Silvio Rodríguez que tanto espera que llegue la lluvia, cuando ésta llega, no sé cómo apreciarla y trato de hacerlo con la escritura. El capítulo del amor es intenso y rico. Se puede escribir sobre el amor como ausencia mágica (Música) o como mito; como ilusión del ser amado (Sacerdotisa; Desde hoy); como asociación entre la persona amada y la diosa japonesa del Sol, que es fuente de la mitología del Japón y origen de una historia muy personal. La persona amada me ayuda a descubrir una nueva geografía del mundo (Odessa), o simplemente una nueva física (Eres etérea). En Pompeyanos, dos estatuas de yeso se descubren inmortales después de siglos y se vuelven a jurar fidelidad eterna, sólo si las escuchas atentamente... no sabemos hasta cuándo puedan resistir su inmortalidad volcánica.

En Intermezzo de Otoño la luz se refleja en los ojos de una jóven que conocerá el autor a través de la experiencia de gustar las cálidas y dulces castañas. El amor puede ser también el inicio de la vida (El origen). En un café podría haber nacido una especie de "big-bang" cotidiano, muy humano, que preludia otra existencia sobre la Tierra.

Todas estas poesías entran en mi vida como en este libro de poemas; o podría decir que la descripción de algunas escenas de mi vida puede hasta entrar en un sólo poema (Cáliz). Como quiera que sea, nada poético puede nacer de un ser que se cree con derecho de juzgar a los demás: la poesía no juzga, observa y describe, como lo hace en este libro.

Por eso declamo yo también: si existe un dios, la poesía está más cerca de él que de la justicia. La poesía es otra dimensión: una narrativa más esencial, más musical y mágica.

Roma, 2023

You left me, sweet, two legacies,
A legacy of love
A Heavenly Father would content,
Had He the offer of.

You left me boundaries of pain,
Capacious as the sea,
Between eternity and time,
Your consciousness and me.

Emily Dickinson, *You left me*

Intermezzo de otoño

Mirando a vos
una cosa entiendo
una sola:
que las espigas, tus cabellos
bajo el sol crecen
y destilan vida
dondequiera que pasas

Mirándote de nuevo
otra razón se me revela:
miento siempre
delante de tanta belleza
Pero tu caso podría constituir
una importante violación
a esta regla

Las antojadizas impresiones
de este instante
me invaden con su miel
las entrañas
mientras afuera
el horizonte de otoño
en tus ojos refleja
la luz del día
que, inarrestable, escapa

Es el duende del tiempo,
me digo,
él sabe ya
que tus labios
encontrarán los mios
sólo en un saludo,
y luego
saciará tu boca sin mí
el dulce sabor de las castañas

Foto

Hace frío
la luz de un farol
sorprende el manto de cielo
y de sus perlas efímeras

Nos queda poco tiempo
todo esto podrá morir
Lo sabes
el invierno y la nieve
son mundos inciertos

Nada me sorprende
si empezaras a rezar
aceptaré tu gesto
de buen modo

Y les pregunto: ¿quién podría
silenciar el ruido
de ciervos en fuga
y de hojas quebradas
en esta noche de nieve
si Dios no existiera?

Después de la lluvia

A Choni Correa, mi vieja.

He visto estos muros abanicar
las pajas de luz
del día que se ausentaba

Después de la lluvia
mojados harapos de cielo
ablandan
las calles de piedra
las fila de autos
lilas y quizás
hasta tus sueños solitarios

En días de cielo claro
las tardes de lluvia
con las luces del norte
son mejores a las otras

Allá donde los días
huyen presurosos
las gotas
encuentran
sus escenas más bellas

¿Qué quieres que sea?

Un arcoíris
que gravita en el horizonte
hasta cuando vos quieras

Un tronco de brisa
que a veces ignoras
cuando tu mente flota

Un ramo de viento
que se desliza entre tus dedos
y no logras contener

O cuando la mala suerte
o no puedas
tu águila

que viene desde lejos
la misma
que sobre tus árboles planea
y mantiene tus pesadillas
en acecho

Aun así es posible
que yo sea un día
esa lluvia tropical
que libera en vos
frescura y alegría
escarcha exuberante
y perfumes gentiles.

Eres etérea

Apuesto que el suelo
bajo tus pies
no logrará sentirte
a ti y a tu sombra
cuando le caminaras por encima

Resistes aun
como pensamiento
una fuerte impresión
polvo armonioso
que se condensa
en los pliegues de mi mente,
humedad penetrante,
impermeable, que yace
en mis gafas de lectura

¿Osaré cancelarlo?, me preguntas,
aún no. Es prematuro

Permíteme que lo diga:
tu peso y tus movimientos
se volvieron ya
casi imperceptibles

Cuando te vuelva a ver
trata de llevar puesto
un perfume inclemente
y zapatos maravillosos
para una impresión duradera

Después de lo cual
no podré nunca más
olvidarte

Sacerdotisa

Jamás lograré detener la bala
de nuestra condena
ni haré volver al viajero
que se alejó de vos un día

Si sigo pensándote,
¿lograré alcanzar
la felicidad
sin verte de nuevo?

Tu sonrisa era
siempre perfecta,
digo era, no será,
y no me arrepiento

John Steven Wyse

En cada momento aburrido
te pienso y me crece
un agujero en la mano
donde la tuya entraba perfecta

Si te invento
detrás de la puerta,
¿podré llegar a conocer
ese vos
que no dejaste que conociera?

Hoy mi sosiego es
una figura femenina
que sobrevoló mi cama
en un torbellino inocuo

Viene a darme
el sacramento
de tu presencia,
ven a mí sin
que ni siquiera
te lo diga

Alba, aguja e hilo

Si te sigo pensando
el filo del amanecer
podría herirme mañana
al romper el día

Amanecer, hoja letal
incienso de fuego
página de mis cantos
yo sin tu voz
me precipito y muero

¿Quién cerrará mi herida
al romperse el día?
Mi sangre podrá iluminar
el horizonte y todo
tendrá sentido para mí

Hazme perdurar
de este modo,
sin aguja, sin hilo,
hasta el agudo filo
del amanecer,
hasta la agonía
de tu pensamiento

El origen

No es como piensas
No fue el Big Bang
que inició la vida
sino la suma
de algunas coincidencias

Un café inesperado
una cena imprevista
un comentario humorístico
y alguna sincronía
te acompañaron
para hacerte sentir
la más fantástica
de todas ellas

John Steven Wyse

Parecías predestinada a uno
y así cancelaste al resto
con una pasión indómita

A veces un recuerdo
devuelve
la ilusión de un amor
y el tiempo
podría haber dejado sólo
retazos de ropa vieja

En esos extraños momentos
desearás haber
tocado otras puertas
y recordarás
que no fue el Big Bang
que creó la vida
sino lo que te une
a los posibles otros
que alguna vez deseaste
con algo de vergüenza

Y reconocerás
que podríamos ser él o yo
en un evento fortuito
y con nuestra decisión
dimos origen a la vida

Desde hoy

A Sabrina Maggi,
por haberme soportado leyendo mis obras.

Desde hoy
mis viajes tendrán tu destino
mis gestos
se reflejarán en tus manos
y los verbos más personales
necesitarán de tus oídos
para que no se pierdan

A mi pasado
le faltó tu presente
y mis conjugaciones
fueron imperfectas
dichas en singular

John Steven Wyse

Por años te esperé
sin saberlo
narré mi historia
ignorando quien eras

Como en un país lejano
la diosa del sol
creó la historia de su pueblo
así las puertas de mi historia
se escribieron cuando a mí llegó tu sol

Te digo todo

A Hilary Marie Gusteau,
por todo lo que sos.

Bien antes
que nada pueda

que mi mano no alcance
a tomar ni un vaso frío
que quiera verte
hoy igual a siempre
desde el oscuro
y más aún
desde el sombrío

que quiera hablarte
y no me salgan más las palabras
cuando sentiré por ti
que todavia te extraño

que el aliento no empañe
ni un mísero espejo
y que aún mis paños
tesoro, no me protegerán más
¡que extraño!

No podré salvar ni las hojas
que se precipitan en otoño
ni lograré cantar
cuando tanta música
una vez
llevaba adentro

Te quiero decir antes
que nada pueda
en una voz que no oirás
pero sentirás en sueños
que te querré así
aún sin vida
sin lamentos

Te querré decir entonces
mi amor
cuanto te quiero

Música

A Ernesto Correa, mi primo.

No es cierto
que nada existe en nadie
que tú no estás
si no te encuentras

Que me quedo solo en silencio
y nada más
No es cierto
que si una vez
soñamos juntos dos notas
en un mismo compás
quedaré de repente
solo y a ciegas

Yo sé bien

que tu silencio es permanente
y que nuestras notas sueñan
aunque no estés

Hoy me despertó tu duende
para que escribiera
y nuestras notas ocuparan
mi espacio astral
Devuélveme la clave
la baqueta sin falsas ilusiones
Ayúdame a conservar nuestras notas
y que el silencio sea absurdo
que todo exista en nadie
y nuestras notas sean
dos en un mismo compás

Odessa

Me da sosiego pensar
que esta luna te encuentre
en este día u otro
en cualquier lugar

Que las mismas gotas
del azul
laven mi rostro
y después vayan a ti
para despojarte
de las quimeras agrias

Que cuando visites Odessa
a Odessa yo también piense
La de Lisitsa en marfiles oscuros y blancos
caricias de Liszt que cincelan mi alma

John Steven Wyse

Que mis árboles tengan hoy
un verde extraño
el mismo color que tú sueñas
cuando recién te has despertado

Lo sabes
este mundo no duerme
la Tierra
y nuestra existencia
son redondas
vuelven a ti inexorablemente

Celebremos este hecho:
la Tierra fue y será redonda
no gracias al geógrafo
sino a ti
por hoy
por cuanto vos quieras

Edoardo

A Edoardo, mi hijo.

Oigo el clavicordio
de Scarlatti
y me sorprende
que los periódicos de hoy
no hablen más seguido
del viejo Doménico

Cruzo la plaza grande
y sin el menor anuncio
me bañan las campanas
de la iglesia de Sisto

¿Cómo será el mundo
cuando no estemos?
pregunta Edoardo
Lo mismo que vivió

Scarlatti, respondo,
hace muchísimos siglos
más tecnología
mismas vivencias humanas

Perdóname
si el episodio inesperado
y el don que los describa
los viva sin convocarte

Prometo
a partir de hoy
contarte historias
que nunca escuchaste,
hablaré de lugares
que no conoces
y los registrarás
como amanecer
en el desierto

Quizá un día
en tu ángulo de silencio
imaginarás mis pasos,
y sin verme
recordarás mis historias
que sólo a ti
conté alguna vez

Mi gata y tus bigotes

A Camilla, mi hija.

¿Quién le dice a mi gata
que no hay osos blancos
en el mar Antártico?

¿Que el 31 de diciembre
es Año Nuevo,
que Papá Noel trae regalos
una vez al año
a los niños del mundo entero?

Mi gata es gorda
y ociosa,
no necesita madrugar
ni ponerse nerviosa con el tráfico

Menos trabajar, ganar dinero
y volver a casa cansada
No necesita explorar
los vericuetos de la naturaleza
o penetrar el cerebro humano
con sus intenciones secretas

No tiene que vender
nada a nadie,
ni hablar por horas
ni dar consejos

Ella es feliz,
triste o entusiasta,
como nosotros
podríamos ser
en cien metros cuadrados

Un reino más pequeño
que el tuyo, mi niña,
con tus bigotes gatunos
y toda la magia
por descubrir

Un gran país

A Maria Ines, por tu esperanza interminable.

Non abbiamo che questa virtù: cominciare
ogni giorno la vita - davanti alla terra,
sotto un cielo che tace - attendendo un risveglio.
Cesare Pavese, *Fine della Fantasía* [1]

Si pudiéramos medir
las gotas que nuestros ojos
vertieron
cuando la corrupción
nos robaba el futuro;

Si pudiéramos contar
el número de abrazos
que extendimos
para cobijar
un corazón doliente;

---

1 No tenemos más que esta virtud: comenzar/ cada día la vida -ante la tierra,/ bajo un cielo que calla- esperando un despertar. Cesare Pavese, Fin de Fantasía. (Traducción mía)

Si pudiéramos revivir
los momentos
en los que decidimos
no decir la verdad
para no revelar
desazón e inquietud;

Las guerras que no declaramos
el número de males
que no quisimos propagar,
trabajos a los que
dedicamos madrugadas
y nada pretendimos a cambio;

Si pudiéramos
computarlos a todos
en un sólo número
podríamos convencer al mundo
de que en verdad somos un país
un gran país
y que nada le debemos a nadie
para poder ser felices

Uno a uno

Casi todos se fueron
sin despedirse
hoy me doy cuenta cuantos
Ofenderse es inútil

oyeron la voz
quizá tampoco eso
un olor una figura materna
la luz o el viento

no eligieron por sí mismos
se abstuvieron
y decidieron al final
abandonarnos

tantas cuentas que pagar
declaraciones de amor
que nunca fueron
lugares que explorar
oficios que aprender
y aun así nos dejaron

aunque algo pueda saber
¿me enseñarán
la inextricable
ciencia del amor?
¿o la ilusión
de la felicidad
desde vaya a saber dónde?

Me quedan hoy sus cortas imágenes
y mis largos silencios
espero poder ser
más generoso que mi memoria
y recordar sus nombres
uno a uno

A mi hermano

A Henry Wyse.

En la gran guerra
millones murieron
Seré egoísta
sólo la tuya me apena

En mi guerra personal
le quité las puertas a mi casa
y desde entonces
tengo un hueco
y no sé cómo taparlo

Hice fuego con ellas
y fue en vano
cuando el viento y el invierno
llegaron

John Steven Wyse

Tienes razón, es cierto,
me falta coraje para olvidarte
Cuando lo tenga
dejaré el pasado en otra parte

Reza por mí,
yo voy a recordarte siempre
Contaré los días y las señales
que me dicen: es posible
que un día vuelvas

Cáliz

A Daddy, mi viejo.

Me pregunto seguido:
¿qué señal anticipará
el momento
de mi partida?

¿Qué gota
excederá los arces
de este cáliz
e interrumpirá
el transitar de las horas
de esta larga fiesta?

Todo entra en una vida.
Un viaje, la espera,
los aeropuertos, el regreso,
mi soledad tumultuosa

La vuelta a casa
Mi hija,
que quiere mis abrazos;
mi hijo,
todavía enojado;
un matrimonio que se volvió
muy mal

Todo ocurre en la vida:
la satisfacción
de un trabajo bien hecho,
la felicidad compartida,
el regreso de la intimidad perdida

La enfermedad y la vejez
de mis padres
La traición de alguien
El deseo de vivir y lograrlo todo

Pero si todo
entrara holgadamente
en una vida,
¿no sería más justo
hacer volver a aquellos
que se fueron tan jóvenes

para hacer que ellos,

aun así,
experimenten una parte
de todo eso
que la vida me corresponde?

Pompeyanos

¿Se te hubiera ocurrido
que si el viento soplara
sobre nosotros
como lo hiciera en Pompeya
podríamos volvernos piedras
de lava y arcilla?

Podríamos revivir
una escena de nuestro pasado
y retirarnos
en la vida que fue
de ese mundo arcaico

Podríamos elegir
representar a dos amantes

y proclamar "para siempre"
con otro significado

Quizás podríamos encontrar
una fórmula nueva
para jurarnos fidelidad
nunca más
"hasta que la muerte nos separe"
sino hasta que
polvo, lava y arcilla
no puedan más limitarnos

El otro

A Drew Hageman.

Tu destino existe
porque un camino
te llevó a él

Las vías de ferrocarril existen
porque sudor y lágrimas
las marcaron en la arena

Cuando viajes
podrías recordar
que alguien marcó la senda
para que tu tren
viajara impasible sobre ruedas

Mientras estés
en el confort de tu cabina
podrías pensar
en el trabajo de otros
que hicieron posible
el trascurrir de tu deseo

Nadador

"Soy el nadador, Señor, sólo el hombre que nada.
Gracias doy a tus aguas porque en ellas
mis brazos todavía
hacen ruido de alas".
Héctor Viel Temperley (1967)

¿Te acuerdas?
Un día extraordinario
llegaste a castigar tanto al agua
que tus brazos se volvieron alas

Desde entonces
cuando sales a abrir surcos
distraes a tiburones
rayas y hasta moluscos

Las escrituras lo decían:
Jesús surcó una vez las aguas
sin embargo tu cuerpo

no nada... ¡vuela!

Mucho más difícil es
cuando con tus brazos
debes exclusivamente contar

Mejor que nadie interpretas
la paz y el ardor del agua
que es tu cuna y la calle
el aire y tu valle

Te equivocas
si piensas
que tu desafío
es sólo "un cierto rival"
ese otro que en el fondo temes
es el agua, espejo sagrado,
alguna vez
tu llamada final

Otoño

A Alice.

Bailan
y siempre estuvieron
sobre la tierra, descalzos,
y a sus pies yacen
tapices dorados

Son bailarines
de arte moderno
ejecutores sin tiempo
de soles efímeros,
quisieran tener en sus brazos
un niño que les entibie el alma
de sus ramas despojadas

Liberemos sus cadenas
ayudémoslos a huir
de su destino

Que bailen y canten
en campos ondulados,
que el invierno
sea con ellos menos reacio
y refresque sus raíces
con las aguas
de paraísos lejanos

Lluvia

Eres para mí la vida
y como la vida misma
vuelves siempre al principio

Con el tiempo
aprendimos a verte caer
desde lo alto
pero aún no logramos
sorprendernos por ello
¿Te podrías imaginar
si logramos hacerlo
con muchos otros?

Has guiado civilizaciones
y la historia no dice
de ti absolutamente nada

Eres quizá
el dios que buscamos
existe y muere
y se transforma

Hasta dios,
si nos frecuentara
como la lluvia de estos días,
no sería ante nuestros ojos
sino otra cosa:
la detestable rutina

Generosidad

A Albert Poutsma.

Antes de que llegáramos
te habías congelado
la tierra se inundó
y tomaste la decisión de retirada
cuándo y dónde quisiste

En vano pregunto
a la vieja tortuga
cómo hiciste

Pregunto lo mismo
a la conchilla
y me responde
algo que no entiendo
¿Querrá protegerme
de tu colosal abismo?

Animales extraños
fueron testimonio
de tus maravillas

Más fuerte que Dios
no descansaste
al séptimo día

y al séptimo día exacto
vinimos a hacerte compañía

Nos muestras
un mundo invertido
un paraíso que conocemos poco

Los peces son chatos
para huir entre sus fisuras
las estrellas
no brillan como las otras
sus caballos no galopan
las morenas no pretenden ser rubias
(por una vez en la vida)

Fosforescencias
que no conocen la luz
enormes cetáceos
globos aerostáticos

En vano trata el viento
de domar su cresta de espuma
y los barcos romper su curso

Es posible
que con defectos
de pronunciación
su voz podría enfatizar un equívoco:

Él no es el "mal"
como dice el extranjero
ni tierra verde como fue Islandia
sino un ser gentil
que devuelve
lo que no le pertenece

John Steven Wyse

El verdadero

A Margherita Cirillo.

Si miras con atención
a través del espejo
la otra mitad del mundo
aparecerá ante tus ojos

La mitad de sus labios
que poco viste sonreír
las pequeñas arrugas
que la noche no te quitó
el lado manchado del mantel
la otra parte de la habitación

Escondrijo ideal
para fantasmas añejos
ventana abierta al mundo

despacho de imágenes
que no cierra por fiestas
gesto de una voz
muda irreparable
mano que tiendes
sin aparente respuesta
cristal misterioso clavado
en tu realidad desierta

Algunas cosas de tu pasado
se podrían encontrar allí
y te confieso aquí algunas de las mías:

Objetos que se perdieron
seres queridos
momentos felices
que añoras
lugares que viste
y no logras regresar

Tu espejo es
el único muro
que te separa
o une
con vos mismo

Cuento chino

A Nelson Specchia.

¿Lo estaré soñando
o en alguna parte lo he leído?
Mil años, más o menos,
un humilde señor chino
Vio árboles de fuego bajar
desde lo más alto del cielo

Para verlo bien corrió
como criminal en fuga
y después se detuvo
de repente
para admirar la escena

Juró una y otra vez
no olvidárselo nunca

Los milagros raramente
ocurren más de uno
y después tu vida entera
pasas en describirlo

Trató de escribirlo todo
pero sin educación
los trazos de fuego o luz
no eran comprensibles
a los ojos de un noble señor

Lloró y rezó por meses
esperando en vano
que un día algún hombre
más instruido que él
explicara a todo el mundo
que él había visto un milagro

Mil noches han pasado
yo me encuentro aquí
en un lugar inesperado
Si sólo hubiera sabido
el señor chino
dibujar palabras
exprimir un significado

No me avergüenzo hoy
en contarles esta historia
de un campesino
sin voz, sin letras,
que quería compartir el relato
de su felicidad inmensa

Debajo de unas cascadas de fuego
y estrellas centellantes
en lo remoto de la historia
en un lugar de la China
que por más que pregunté
todavía no me fue revelado

John Steven Wyse

Poema para una poeta que no está

A Mariela Laudecina.

Donde me dieras mariposas
a mí me quedan pañuelos,
las de ayer para aligerar mi arte,
los de hoy para saludar tu vuelo

Tu casa era frágil
tus habitaciones bañadas
con el fluir de tanto sentimiento

Que viviendo así
lo hubieras descubierto todo
lo sabrás sólo vos,
a mí me bastó
conocerte

Más fuerte que el verbo,
más voluble que el polen

Y pensar que a algunos
vivir cien años no les alcanza,
cuando a otros, como a vos,
mil mundos
se le yerguen dentro

Epílogo

Mariela Laudecina no amaba precisamente los concursos literarios. En sus palabras, un concurso podría conectar a un autor con su público sólo si fuera un evento importante, con una tradición consolidada en la historia. Ganar un concurso con poca resonancia no lograría dar a una obra el eco buscado por su autor. Un premio cualquiera no ayudaría a su autor a vender libros, o a concentrar la atención del público lector sobre el valor de su obra. Un premio anónimo difícilmente ayudaría a un autor a construirse una platea de lectores fieles: "¡No hace falta ganar un concurso para publicar! ¿Y si no ganas ningún concurso? Eso es un mito, mi querido… no hay que perder tiempo en cuestiones irrelevantes como los premios. No sirven para nada".

Mariela misma fue protagonista de lo que decía, y sus palabras eran siempre inclementes. Su primera obra, me decía, conoció a su público a partir de un premio que obtuvo, pero, según ella, fue su obra más débil. "Yo gané un concurso en la universidad, con ocho poemas, luego le agregué más poemas, y te puedo decir que es mi libro más flojo". Lo que sí la ayudó fue que, al publicar 500 copias de este primer volumen, distribuido gratuitamente entre sus amigos y otros amantes de la poesía, pudo hacerse conocer por un público más vasto.

Ella me decía, cándidamente: "A partir de ese libro me hice conocida, y ya no pago más para publicar". Es cierto, un escritor de poesías nunca se volverá rico; con suerte, famoso; nunca un magnate. Pero Mariela enfatizaba la importancia de volver a las raíces de la actividad literaria: la obra. Una obra es un necesario y esencial momento en el camino creativo de un autor. Más allá de las conferencias de prensa o los concursos (o del "gossip", en el peor de los casos); son los lectores lo que le dan la vida útil al autor a través de su obra, y nunca a pesar de ella. "La obra es lo que vale y punto. Pregúntale a cualquiera que esté en el tema". Algo completamente distinto, agrego yo, lo representa el recorrido de la obra de Emily Dickinson, que el gran público americano -o mejor decir, mundial- pudo empezar a conocer a partir de 1890, después de que sus 1.800 poemas aparecieran en el cajón de un mueble de su casa, olvidados. Sin embargo, gracias a su hermana Lavinia y a sus dos editores, Todd y Higginson, estos poemas fueron finalmente publicados, cuatro años después de la muerte de la escritora. La emotividad y originalidad de la obra logró trascender más allá de la vida de su autor, adquiriendo vida propia. Ni qué decir de cuántos concursos literarios ganó la pobre Emily durante su vida... ¿pueden adivinar? Por eso, vale siempre la pena que una obra y su autor se enfrenten con el juicio de los lectores; en la era de la comunicación digital este concepto se suele dejar de lado con demasiada frecuencia: no es la comunidad de aficionados la que precede a la obra, sino al revés. El medio de comunicación o las campañas de relaciones públicas no se pueden transformar en el fin mismo de la creación artística, dejando la obra literaria en segundo plano. A este mecanismo malsano Mariela lo tenía sobremanera en claro. "Vas a ver que va a salir un buen libro... te lo aseguro". Por eso insistió tanto en que publicara.

Me dijo una vez Mariela, después de haberme recordado el esfuerzo que requiere el escribir poesías, inventar títulos, cambiar palabras y hasta eliminar poemas. Después de acostumbrarse a mi estilo: "¡Oh me encantan!". Me hicieron notar, sin embargo, que en ellos hay "alguna inflexión extranjera", lo cual se explica porque algunos los escribí en inglés, y otros en italiano. Creo poder reconocer en esto una característica personal, puesto que siempre, de forma respetuosa, introduzco algunas expresiones de un idioma en otra lengua. En el mundo actual, caracterizado por la globalización y las contaminaciones culturales, podría ser un punto de fuerza. Como siempre ocurre, dejo a ustedes el juicio final.

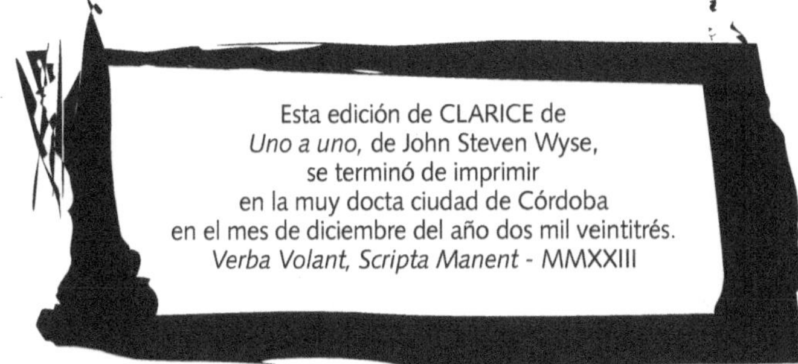

Esta edición de CLARICE de
Uno a uno, de John Steven Wyse,
se terminó de imprimir
en la muy docta ciudad de Córdoba
en el mes de diciembre del año dos mil veintitrés.
Verba Volant, Scripta Manent - MMXXIII

www.ingramcontent.com/pod-product-compliance
Lightning Source LLC
LaVergne TN
LVHW040908150826
845672LV00007B/1938

9786310020273